اپدر پرویز و من

بکتاش خمسه پور (بهرام ایرانمند)

Smashwords Edition

Copyright 2018 Baktash Khamsehpour

پیشگفتار

پ اپدر پرویز یا پرویز عمو نقش ویژه ای در زندگی من داشته است.
نخستین بار که پرویز عمو را دیدم نوجوانی کمسال بودم. اپدر پرویز من و برادر
بزرگترم را با زرتشت آشناتر ساخت و میگفت ما ایرانیان زرتشتی هستیم. پرویز
عمو خود در جوانی به حزب توده پیوسته و بعد ناگزیر به فرار به شوروی سابق
شده بود؛ تبعیدی خودخواسته یا ناخواسته که ۲۷ سال تنها در شوروی طول کشید.
اپدر پرویز با اینهمه پس از ۲۷ سال در مقام یک استاد اجازه یافت به آلمان و برلین
نقل مکان کند. آنگونه که تعریف میکرد هنگام ترک شوروی سابق و عبور از مرز
۲۷ سال سروده ها و نوشته هایش را پیش چشمانش سوز اندند. در ۲۷ سالی که طی
کرده بود از هرچه کمونیسم و حزب توده و شوروی بود بیزار شده بود.

اپدر پرویز اکنون نود و دو سال دارد و در ایران است. طی همه این سالیان
تنها دو بار یکدیگر را دیدیم؛ بار نخست در همان آلمان و بار دوم در سوئد. هرچند
با هم نامه نگاریهایی داشتیم که بخش عمده و موجودش اینک منتشر میشود. ترجیح
دادم این نامه ها یا رایانامه ها عینا و بدون ویراستاری منتشر شوند. حتی رایانامه
هایی که به اصطلاح به فارگلیسی یا بدلیل فقدان نوشت افزار فارسی یا مشکلات
دیگر با حروف لاتین نوشته شده اند بهمان شکل انتشار می یابند.

۳۱ دسامبر ۲۰۱۸ میلادی – پراگ

نامه نگاریها

W ed 7/30/2008, 11:44 AM
Parviz amo jan drorod,
Umidvaram khob u khush bashid.
Az in pas be in neshani baraye man nameh befrestid chun neshanie pishin gah kar nemikunad.
Ba sepas
Baktash

SATURDAY, AUGUST 22, 2009 2:49 PM

پرویز عموی مهربانم
بسیار شاد شدم که نامه مرا دریافت کردید. اکنون نوشتاری را برایتان
میفرستم که برای نگارش آن که شش ماه بدرازا کشید، دو سال کند و کاو کردم.
به نظریه جدید پرفسور آناتولی فومنکو و همچنین سلف وی آلکساندر موروزوف
اشاراتی دارد و چون شما روسی میدانید میتوانید کتابهای آنها بویژه موروزوف
که از روسی به انگلیسی ترجمه نشده اند بخوانید. بهر رو دوست دارم این مقاله
مرا بخوانید و دیدگاه خود را بنویسید. با سپاس فراوان

MON, 24 AUG 2009 15:06:48 -0800

درود بربکتاش،
که برایم نوشت نامه ای درباره ی گزشتار (تاریخ) وآگاهاند مرا ازگرایش
بآن،

نیز ازمن خواهست، تاپس ازخوانشی ژرف نویسم بینشگاه ام را درباره ی آن؛

پس، من براستی آن را ژرف خوانده،

ازنیروی هوش وخرد برروی آن گزاشته شده، آن هم دردرازای دوسال ونیم، هم شادشدم وهم شگفتیدم؛...

من درباره ی گزشتار میتوانم گویم تنهاآن:

هردانش وآگاهش وباورشی، چهایی میدارد امروزین هومن ومیزیید باآنها، راست برآمده انداز هفت ـ هشت هزارسال پیش وبابازنگریها وبازخوانیها وبازنویسیهارسیده اند بامروز؛

« بازنگری تاریخ تنها منحصر به تاریخ ایران نیست و کل تاریخ جهان را دربرمیگیرد. زمانبندی و ساختار آنچه که امروز بعنوان تاریخ جهان شناخته میشود از قرن شانزدهم میلادی تاکنون مورد سوال و تردید صاحبنظران، پژوهشگران و دانشمندان قرار داشته است »(21).

پس،   برای   گزشتارشناسی   میباید   هومن زیبستاروکرداروگفتار امروزر ار است ودرست وژرف شناسد،

آن هم نه با امروزین زبان، کواین میرود روبسوی سستی وناهستی، با فردایین زبان، کواین میرود روبسوی هستش وجهش ودانش وراستی ودرستی؛...

درباره ی گزشتار ایران نیزتوانم گویم تنها آن:

چیرگی ی یونان باستان بر هخامنشیان بیش ازیک سده بدرازانکشید، چون مردم هردوکشور از نژادآریایی بودند،

زبانشان نیز ازشاخه ی هندو اروپایی بود، ازیونانیگرایی (هلنیسم) هم زیانی ندیدند؛

اکنون ازتومیپرسم:

بردگی ی فرهنگی یهزاروچهارسد ساله دربرابربیاآبان نشستگان برای چی اینهمه بدرازاکشیده؟؟؟

آیاکسی باین پرسش پاسخ دهاده؟

آری، دهاده!

پردیسی ی توسی،

که سروده شاهنامه را،

خسروی ی تبریزی،

که نوشته زبان پاک را.

باسپاس، ایرانپور.

MONDAY, AUGUST 24, 2009 3:22 AM

اپدر پرویز نازنین

سپاس فراوان از مهر و نیکی شما. در نوشتاری که فرستادم کوشیده بودم دیدگاه خود را بازگو نکنم و گفتمانها پیرامون بازنگری در گزشتار و روند آنرا گزارش کنم. کار دشواری بود و زمان بسیاری برد هرچند سر انجام بپایان رسید

در اروپا و آمریکا این پندار پراکنده شده که گویا یونان و رم پایه شهریگری جهان امروزند و به ایران و هند و چین کمتر پرداخته شده است. از اینرو کار پژوهشگران روس در شکند گزشتار یونان و رم را نیک یافتم اگرچه خرده های فراوانی بر کار آنها گرفته ام. در اینباره گفتگو بسیار است و نیکوست زمانی که به اروپا آمدید آنرا پی گیریم. درباره آرمان ایران، خرده نامه ای نزدیک پانزده سال پیش نگاشتم که در این نشانی میتوانید آنرا بخوانید:

......

ز کودکی و پس از همان دیدار با شما که از بزرگی زرتشت بر ایمان گفتید نیک دریافتم که نیکآینده ایران در پیوند تنگاتنگ با فرهنگ راستین ایران است که از هسته ایران هستی یافته است و اینرا در خرده نامه "آرمان ایران و ایران آرمانی" نوشته ام. امیدوارم بتوانید آنرا بخوانید.

برادرزاده شما بگتا (بگتوس) ایرانپور

THU, 27 AUG 2009 15:45:32 -0800

درود برگرامی بکتاش!
بگمان ام پی برده ای:
برای چی تاکنون درباره ی نوشتار ات در «ایران آرمان» سخنی نگفته ام؟...
پنجره را از درون گشوده ام،
از بیرون هیچ چیز دیده نشده جز پرده آهنین،
بیاد ام آمد:

چی سان بیست و شش سال در کشور پشت پرده آهنین زیسته ام،
بکمک برادرم از آن رهسته ام،
فروپاشیده شدگی اش را هم پس از ده ـ دوازده سال در میهن ام دیده ام،
اکنون سی سال هم در پشت پرده آهنین میهن ام گزرانده ام،
تا چی پیش آید؟؟!...
از دو ـ سه ماه پیش کوشیده ام از پشت پرده آهنین میهن هم رهم،
کس نمیداند:
آیا رهم یا نر هم؟؟!
ایرانپور.

اپدر پرویز ارجمند

زمینه ای که بسی فراخ دیده ام، داستان نویسی با درونمایه آینده نگاری برپایه ارزشهای راستین فرهنگ ایران است. این داستانها با واژه های ایرانی نگاشته میشوند و از جهان نگری ایرانی بهرمندند. دو نمونه نیز به انگلیسی نوشته ام همراه با چکامه ای بر بنیاد شیوه سرایش ساسانی که میتوانید در این نشانی بخوانید دبیره نوینی نیز ساخته ام که آسانترین دبیره جهان است و میتواند زبان جهانی را بدست دهد اگرچه این دبیره در نشانی بالا نیست. هنگامی که به اروپا آمدید از آن برایتان خواهم گفت. میدانم که شما کار های بسیاری در دست دارید که هر یک گوهر گرانبهایی برای فرهنگ ایران است. از کار هایتان برایم بنویسید. بکتاش

درود برپژو هشمند بکتاش،
که میپژوهد همواره پرفرازوشیب وپرپیچ وخم راههایی،
تا رسد روزی بنگارش چهره ای راستین از ایران؛
اگرنوشتار ات را در «آرمان ایران» نتوانستم خواند؛
دیگرنوشتار ات را درآیش نگری ی ایرانیان «iranianfuturism» خواندم،...
بدان:
ایران میاستد یک ویرانه،
گنجها میهستند درویرانه...
«کلید درگنجهای گوهر» را پردیسی توسی وخسروی تبریزی آشکارنموده اند ـ
این کلیدر امن از آنان دریافته ام، باشد، رسدروزی، آن را بتوسپرم؛...
نگارش چهره ای راستین از ایران میدارد تنها یک راه،
آن هم میاستد بازآرایی ی امروزین پارسی بفردایین پارسی؛
من آورده ام شیوه ای نودرپارسی،
نامیده ام آن را «فردایین پارسی»،
چون میاستم پیرو پردیسی توسی،
که سروده «شاهنامه» را،
پیرو خسروی تبریزی،
که نوشته زبان پاک را.

باسپاس، اپدرپرویز.

اپدر پرویز ارجمند
بسی دلتنگ شماییم و آرزومندیم از دریای بیکران دانش شما سیراب گردیم.
بتازگی در یک کهنه فروشی در پراگ زمیننمای بزرگی دیدم از سه سده پیش
از کشور «خوانیرس». در این خوانیرسنما، آبراهه نیمروزی ایرانزمین Sinus
Persicus سرتاسر آبراهه پارس است و در پی آن دریای پارس است که در کنار
دریای هند جای دارد Mare Persicum
بسی افسوس خوردم زیرا امروزه برخی آبراهه پارس را با دریای پارس
یکی میپندارند اگرچه ایندو به هم پیوسته اند هرچند دو جایگاه جداگانه دریایی
هستند. با اینکه همواره اینرا میدانستم هرچند گواهی آنرا ندیده بودم از اینرو این
خوانیرسنمای سه سد ساله را که به بهایی گران داشت خریدم. در این خوانیرسنما
همچنین اپاختر باختری ایران، اران است و نه نام دروغینی که چند دهه پیش به آن
داده اند.
برادرزاده شما
بکتاش

درود بر جویشمند بکتاش،
که میجوید همواره آگاهشهایی،
تا از روی آنها گزشتار ایران را از تیرگیها و تباهیها برآورد،
بسوی روشنیها و نیکیها راه برد؛...
بگمانم، کس نتواند در دلباختگی ات بشوکتمندگزشتار ایران کمترین سستی بدل
راه دهد،
چون در میان خویشان میاستی بسیار شناخته شده، درنزد من هم، چه گویم؟
چون بهتر از همه میدانی؛...
آن، چه میبایم گویم، میاستد این:

هر دانشمند یا پژوهشمند یا جویشمند میباید در کوششها اش بسیار سامانمند و هنجارمند باشد،

بگفتار گزشتگان:

هی از این شاخه بآن شاخه نپرد؛...

وارونه ی آن، چه میپنداری تو ـ «آرزومندیم از دریای بیکران دانش شما سیر اب گردیم»،

دانش ام میاستد بسیار باکرانه و بامرز ـ موزیک وزبان،

بگمانم، این دو دانش را درست آموخته ام و شیوه هایی نو هم در آنها گشوده ام،

برای این هم در میهن ام بهیچ جا راه نمیدارم؛

اگر یک بار نوشتم؛

اروپا و آمریکا درباره ی گزشتار درست تر از آسیا میاندیشند، برای این بود،

چون فروشکوه موزیک کلاسیک باختر اروپا را تامغز استخوان شناخته و باموزیک آسیا سنجیده بودم؛...

باشد، من هنوز بآن کردار و شایستار نرسیده ام، تا راهنما ات شوم؛

باین، میتوانم از تو بخواهم:

ای بکتاش!

ارزش نیروی هوش و خرد را کم مگیر،

آن را بی برنامه بهر سو مپاش؛

تاجوانی میهستد و نشده دیر،

چو اروپا و آمریکا سامانمند و هنجارمند باش.

با فراوان سپاس، پرویز اپدر.

پرویز اپدر مهربان

آنچه نوشتید درست است هرچند کارهای من در زمینه های گوناگون بوده است چون دانشها و هنرهای گوناگونی را دوست دارم با اینهمه بیشتر نیرویم را برای داستان نویسی ویژه ای بکار میبرم. گونه ای آینده نگاری بر پایه ارزشهای راستین فرهنگ ایران. به سخنی دیگر ارزشهای ایران را در آینده نشان دادن. شهرهای سپهرین، پیمایش در زمان، دیدار با کیخسرو، پندارگویی با آناهیتا و .... زمینه هایی هستند که در آنها میتوان پشتک و وارونه زد، شاد و امیدوار بود

و جهانی یا جهانهایی آفرید نو و پر از نیکی. در این داستانها هر چه هست سراسر نیک است و به انگیزه، چهره یا روندی بد

هیچ نیازی نیست و پرورش و شکوفایی ارزشهای فرهنگ ایران در فراسوی زمان است که این داستانهای آینده نما را برای خوانندگان پرکشش میسازد. نمونه هایی از این کارها را که سالها پیش نوشته ام میتوانید در این نشانی بخوانید:

. . . .

ر آینده باید پایگاه بهتری را بسازم. گرفتاری نشانی بالا این است که باید واتهای پارس نگار را بگیرید و سوار کنید وگرنه نمیتوانید نوشته ها را بخوانید

سپاسگزار

بکتاش

چو ایران نباشد به روزی بجای

همه بر زند کهکشانها خدای

کورش آریامنش

SUN, 30 AUG 2009 14:09:52 -0800

چکامه ای درباره ی فردایین پارسی.

ایرانپور.

تو میاندیشی و مینویسی در امروزین پارسی،

من ـ در فردایین پارسی؛

این جدایی را هیچ چیز نتواند بردارد از میان جز هماندیشی و همنویسی؛...

بدان!

با امروزین پارسی هرگز بایرانی آزاد و شاد و سرافراز نرسی.

امروزین پارسی میاستد زبانی،

کو ای بیش از هزار سال در آمیخته شده با بیگانه واژگان،

اگرچه برای هستش سخت ایستاده و جنگیده؛

با این، شده بیمار و سست و نیمه جان،

دیگر نمیدارد چاره ای جز آن،

استوار برگردد بر اه بازآرایی ی زبان.

فردایین پارسی گسیخته زنجیر خواری وبردگی وفروفرهنگی را از دستان
وپایان زبان،
برآمده از چهار دیواری ی هرج ومرج ودرهم برهمی،
اگرچه میاستد هنوزکم آزموده وبسیار جوان؛
بااین، درآمده بمیدان سامانمندترین و هنجارمندترین زبان؛...
آری! فردایین پارسی میاستد زبان آیندگان،
کیان برگردانند گزشتارفروشکوه را بایران.
باسپاس، پرویز اپدر.

SUNDAY, AUGUST 30, 2009 3:56 AM

پرویز اپدر گرامی
بر این باورم که زبان ایرانی یا پارسی آزادترین زبان از دید دستوری است
چون از کهنترین زبانهاست و بسی ژرفا دارد. از اینرو در پارسی میتوان هرگونه
که دوست داشت سخن گفت و نوشت و کس نتواند گوید این درست یا نادرست
است چون پارسی یا زبان ایرانی بسیار گوناگون، کهن و ژرف است هرچند هر
از گاهی میتوان از دل پارسی، زبانی آرمانی برون آورد. ایران، زبان آرمانی را
دار است. امروزین پارسی همان پارسی دیروز و همان پارسی فرداست اگرچه با
دگرگونیهایی چند هرچند گرفتاری بزرگ، نداشتن دبیره ای برپایه خرد و دانش،
دبیره ای کارآمد و توانمند و دبیره ای نوین و ایرانیست. من این دبیره نوین را
ساخته ام و برخی از داستانها و سروده هایم را به این دبیره نگاشته ام. این دبیره
پیشرفته ترین دبیره جهان است و چنانچه بخش دیگر آن بدست آید، آسانترین زبان
جهان یا به سخنی دیگر، زبان جهانی از آن برون آید و ساخته و پرداخته شود.
سپاسمند
بهرام

MON, 31 AUG 2009 12:58:53 -0800

درباره ی امروزین پارسی.
امروزین پارسی میاستد زبانی، کو ای بیش از هزار سال دربردگی ی بیگانه
واژگان بوده واین سان بامروز رسیده؛ پردیسی بود نخستین کسی، کو ای بیگانه

واژگان را از پارسی زدوده و «شاهنامه» را از آن پالوده، آنگاه کردار اش را این
سان سروده: «بسی رنج بردم بدین سال سی، عجم زنده کردم بدین پارسی»؛ با
این، کسی تا این هنگام از پی او نرفت و از چیرگی ی بیگانه واژگان بر پارسی
اندکی هم نکاهست؛ خسروی تبریزی بود دومین کسی، کو ای «زبان پاک»
را نوشت و بیگانه واژگان را از پارسی زدود؛ من در چهارده سالگی آن را خوانده،
تاکنون یکی از پیرفتگان آن بوده و میاستم، از سی سالگی تاکنون درست پنجاه سال
کوشیده ام تا امروزین پارسی را پژوهم و شناسم، توانش و ناتوانی آن را دریابم ـ
برای توانش آن را راه گشایم، ناتوانی را از آن زدایم، درنامه ها و چکامه هایم همواره
بیگانه واژگان را کنار گذاشته، یگانه واژگان را بجای آنان نوشته ام، رفته رفته
دریافته ام: بیگانه واژگان نیمی از یگانه واژگان را از میان برده و جای آنان را
گرفته؛ ...
در «سبک شناسی» ی بهار آمار بیگانه واژگان در پارسی این سان آورده شده:
در پادشاهی ی سامانیان پنج در سد،
غزنویان پانزده ـ بیست و پنج در سد،
سلجوغیان بیست و پنج ـ چهل در سد،
آل بویه چهل ـ شست در سد،
سفویان شست ـ نود در سد؛ ...
خندش آور میاستد:
بهار در این آمار تاشست در سد رسیده،
کک اش هم نگزیده؛
تا نود در سد رسیده!؟
سخت آزرده شده ـ
فریاد اش بآسمان رسیده.
باسپاس، پرویز اپدر.

پرویز اپدر ایرانمند
بسی نیکو نوشتید و کاروند شما برای فرهنگ ایران بسی سودمند است چرا
که شما از ایرانمندان هستید و ایرانمندان فرهنگپرور و ایرانسازند. کار سترگ
شما ستودنی است و فرزندان آینده ایرانزمین بر آن ارج مینهند. کوششهای شما
فرهنگ ایران را بارور تر و گسترده تر میسازد و من بشما سرفرازم

ز کشور یکی پور ایرانزمین
سیاهی سترد و بزد بر زمین
کمر بسته پرویز ایران نژاد
به راه نیاکان با فر و داد
بهرام

TUE, 1 SEP 2009 14:21:50 -0800

مهرانگیز چکامه ای برای بهرام.
آن گاه،
کی دیدم ترا،
چهارده ساله بودی،
برای پرواز بال و پر میگشودی؛
میخواهستم بازدارم ترا ـ
دیدار بود کوتاه،
نیز هنوز درست نرهسته بودم از چنگال هفتسر اژدها.
گذشته سی سال از آن گاه،
باشد، پروازات رسیده اینک تا ماه؛
من چون تا اندی بازیافته ام مرا،
میخواهم باز هم بازدارم ترا؛
تا با هم پیماییم در پیش رو دراز و پر شیب و فراز راه؛
رسیم بدروازه های شکوهمند آیین و زبان و فرهنگ آریا،
رهانیم آن را از چنگال هفتسر اژدها.
باسپاس، اپدرپرویز.

TUESDAY, SEPTEMBER 01, 2009 3:48 AM
پرویز اپدر بزرگوار
چشم براه شماییم، چشمها بشوییم اینبار، چشم گوییم براه شما، اینبار بشوییم
چشمه ها، ز سرچشمه راه چشم براهان،
دوستدار شما بهرام

TUE 9/1/2009, 8:01 PM

تو میاستی پر از آرمان،
ای تیزهوش بهرام!
من برای این پس از سی سال دوری وجدایی بسویت برمیدارم گام؛
تا در کنار هم وبا نیروی هم هفتسر اژدهار ا بر اندازیم از کشور کیان،
درود باد بر تو فراوان!
خدار ا جز اهور امزدا منام.
با سپاس، پرویز اپدر.

SUN 9/6/2009, 8:59 PM

درود بر گرامی بهرام،
که پنج ـ شش روز پیش مژده ی دیدار دهاد،
امروز هم فراخواننامه ی گرامی برادرم رسید،
رفتم از سیمین خانم گرفتم،
دلم شد پر از امید؛
از بامداد برای پیگیری بدفترخانه ی سوود روم وترا از آن آگاهانم،
تونیز بابا ومامان را آگاهان واز من فراوان سپاس ودرود بر آنان رسان.
سپاسگزار، پرویز اپدر.

MON 9/7/2009, 8:29 PM

ای گرامی بهرام!
امروز رفتم بدفتر خانه ی سوود،
مردم در رج ایستاده بودند بسیار؛...
تا فراخواننامه ام را در آنجا دیدند وخواندند،
فرمهایی بمن دهادند،
تا آنها را پرکرده پس از دو هفته بر ایشان برم،
نیز آن روز (بیست وسوم سپتامبر) یاپس از اندی روز در یک گفت وشنوی
آشنایی آماده شوم؛

پس، تاآن روز آرنگ نباشد چیزی دیگر، تا برایت نویسم من،
بااین، اگرچیزی باشد، تا برایم نویسی تو؛
شوم بسیار شاد،
فراوان درود برتو باد!
پرویز اپدر.

THU 9/17/2009, 8:35 PM

ای فرزند برادر ام!
فراوان درود برتوباد!
دیشب چو هرشب پنجره ی کامپیوترر ا گشودم،
چشمانم بر BAKTASH KHAMSEHPOUR افتاد،
بسیار شدم شاد،
چون پنداشتم:
نامه ای تازه برایم نوشته ای؛...
پس ازجستجوی بسیاربجای نامه ات windos live رایافتم، (چون میاستم بسیارناشی)،
ازسوی دیگر،کامپیوترگردانان این جابامغزهای سده های میانه ای میگردانندکامپیوترر ا،
برای این، دست وپاچلفتی ای چومن تانزدیکیهای بامداد همه نیرنگهارازد، راه بجایی نیافت؛
پس، بر آن شدم، تر ا ازناتوانی ام دربر ابر این بغرنجیهاآگاهانم،
باشد، دریابی درمان ام:
شناسانی بجانان ام،
کیان دریابند زبان ام:
من آورده ام شیوه ای نودرپارسی،
نامیده ام آن را فردایین پارسی،
چون میاستم پیروپردیسی ی توسی،
که سروده «شاهنامه» را،
پیروخسروی ی تبریزی،
که نوشته «زبان پاک» را.
همواره شادزیی، ایرانپور.

FRI 9/18/2009, 10:45 AM

پرویز اپدر گرامی
میبخشید که پیوندی فرستادم که گویا باز شدنی نبود. بندی بود پیوسته به
نمآهنگی درباره ایران. امیدوارم خوب و خوش باشید. کی به اروپا میآیید؟ چشم
براه دیدارتان هستیم
با بهترین آرزوها برای شما

WED 9/23/2009, 9:06 PM

درود برگرامی فرزند برادرم!
امروز بامداد بیست و سوم سپتامبر با برگه های آماده شده در دست برای
آشنایی بدفترخانه ی سوود رفتم، چو پیش از این انبوه مردم در رج ایستاده بودند،
من هم ایستادم، تا هنگام بمن رسید؛ برگه های آماده شده ام را نگریسته، دو ـ سه
خرده گرفتند، چه را از پیش دیده بودم من،
چون برخی از پرسشهابر ایم بودند یابی پاسخ یابسیارتیره،...
پس، پیمان بر آن گزاشته شد:
آن خرده را از برگه هازدایم و هفته ی دیگر آیم؛...
باباومامان را از آن، چه آگاهاندم ترا، آگاهان وفراوان درود وسپاس برآنان
رسان،
تا چه پیش آید؟!
شادزیی، ایرانپور.

THURSDAY, SEPTEMBER 24, 2009 12:27 AM

پرویز اپدر گرامی
امیدوارم کارتان درست شود
پدر و مادر را میآگاهانم

جهان و هستان در فردایین زبان.
بار ها جهسته ام؛ باري ندیده کس جهستار ام را، باری دگر میجهم؛ باشد،
این بار بینند جهش ام را، پس، از آن دریابند جهان ام را. اگردریابند جهان ام
را؛ دریابند بیگمان زبان ام را، ازدریابي اشان درخشد اندیشش، برجوشد بینش
و گویش و نویسش. اکنون دیگر میهستم، پس، میبایند بینند هستش ام را، دریابند
ازآن هستان ام را. هستانرا یافته ام من در هزارتوی امروزین زبان، کواین گزشته
ازمیان هزار ساله تیرگی ی و تباهی ی بیگانه واژگان، رسیده بدریابی ی ارزش
و دانش یگانه واژگان، نامیده شده فردایین زبان. بار ها جهسته ام؛ باري ندیده کس
جهستار ام را، باري دگر میجهم؛ باشد، این بار بینند جهش ام را.
ایرانپور.

درود بر گرامی فرزند برادرم بهرام،
که میدارد ازجمشید در دست جام؛ ...
آن سان، چه سان درپسین نامه نوشته بودم،
دشواریها درر اه سوود میهستند بسیار:
«گواهی مالی که ثابت کند متقاضی پول کافی برای سفرواقامت درسوود
ودیگرکشور های شنگن را دارد،
۱- گواهی بانک ۲- فیش حقوق.
اگرشما درمنزل بستگان خود درسوود اقامت مینمایید وآنان مسکن وغذای
شمار اتامین میکنند؛
مبلغ موردنیازبرای هرمتقاضی برای یکماه یک ملیون وبرای ماههای
دیگرنیم ملیون تومان است... »
بابا ومامان میدانند: من نه گواهی بانک میدارم، نه فیش حقوق؛ ...
این را نوشتم، تادانی، بابا ومامان راآگاهانی؛
اگرتوانند؛ چاره ای اندیشند، اگرنه؛
برای این دشواریها برنجش آنان خرسند نمیاستم.
نامه ها ات را پس ازاین باین نشانی فرست:
ایرانپور.

پرویز اپدر گرامی
بگمانم شما تنها باید برگه ای نشان دهید که نشان دهد شما هزار هزار تا
دو هزار هزار دارید. اگر شماره سپرده ای دارید که هیچ، اگر ندارید یکی باز کنید
و از خویشان یا دوستان بخواهید این پول را برای اندک زمانی به شماره سپرده
شما واریز کنند. سپس از سپردگاه، برگه دارایی خود را بگیرید. برگه ای که نشان
میدهد شما هزار هزار تا دو هزار هزار دارید. آنگاه این برگه را به دفترخانه سوید
ببرید. کارتان باید درست شود. آنگاه پولهای دریافتی را از سپرده خود به خویشان
یا دوستان پس میدهید. با سپاس
بهرام

فراوان درود برگرامی فرزندگرامی برادرم بهرام،
که در آرمان بازآفرینی ی باستانی فرهنگ کشورکیان میاستد پیشگام؛
امروز از هفت خوان رستم گزشته، برای دیدار و گفتار بدفترخانه ی سوود
پزیرفته شدم،
پس از آن داتسته شد:
زنگ زنند و مرا از هوده ی آن آگاهانند،
تونیز بابا و مامان را از دیدار و گفتار ام در دفترخانه ی سوود آگاهان.
با سپاس، ایرانپور.

پرویز اپدر ارجمند درود فراوان
آنچه را که نوشتید که به پدر و مادر میگویم. اگر به چیزی نیاز داشتید مرا
بیآگاهانید
بکتاش

ای گرامی بهرام،
در مهر و داد اهورایی پیشگام!
من از بس دیده ام از تو همدلی و همزبانی،
میتوانم خواهم از تو دیگر چی،
چه تواند رسد بآن راستین ارزش چهره ی هومنی؟!
برای این میاستم از تو بسیار سپاسگزار؛...
اکنون هر روز میاستم گوش بزنگ دفتر خانه ی سوود،
تا آغازم هر چه زودتر پرواز،
با تو در میان گزارم راز.
همواره شادزیی، ایرانپور.

ای گرامی بهرام!
خدار اجزا اهورا مزدا منام؛
امروز چهارشنبه از دفتر خانه ی سوود زنگ زدندو مرا آگاهاندند:
ویزایم آمده، روز یکشنبه بروم آن را بگیرم؛
بابا و مامان را آگاهان ـ
پس از بیست یا بیست و پنج روز هستم در نزد آنان،
آیا تو نیز آیی بنزد آنان،
تا همدیگر را بینیم و در آغوشیم از دل و جان؟!
بادرود و سپاس، ایرانپور.

پرویز اپدر گرامی
اهورا مزدا را سپاس
بسیار شادمان گشتم
بیاری خدای مهربان دیدار ها نو میشود
امروز به پدر و مادر زنگ میزنم

کی به سوید می‌آیید؟

بهرام

SAT 10/31/2009, 11:45 PM

پرویز اپدر گرامی

با دلداری و همدردی برای درگذشت بزرگ اپدر، به آگاهی شما میرسانم که از بیست و شش یا بیست و هفت آبان برای ده یا دوازده روز به سوید میروم. شما هم اگر بتوانید در آنزمان به سوید بیایید بسیار نیکو خواهد بود

به امید دیدار

بهرام

TUE 2/2/2010, 11:53 AM

dorud bar gerami baktash.

ba andak dastrasi be kampiuter nakhostin payamam ra barayat miferestam.

barha zang zadei be man; baraye in az to sepasgozar miastam;

ba in; hargez natavanestaam an ra behengam shenovam;

tchon an dja miastad hamishe sholugh va ham man nashi miastam,

agar noh ya nohonime shab, ya baz ham dirtar zangzani; shavam khorsand.

ba sepas iranpour.

SAT 2/6/2010, 9:32 PM

Dorod bar Parviz apdare arjmand,

Umidvaram khob bashid. 2 bar az kar be shuma zang zadeam ke nabodid. bare pishin

9 ya 10 shab bod va har 2 bar payam barayetan guzashtam. Apdar jan ba pedar u madar

emroz guftego dashtam va pedar guft ke bezodi be shuma khaneh midahand va haftegi ya

mahiyanehe shuma afzayesh miyabad. Besiyar shad shudam. Pedar u Madar yek mahe digar

miayand inja va an zaman bahar va Nuroz khahad bod. Shayad an zaman be shuma sar

bezanim ye shuma be ma sar bezanid. Apdare mehrban, shadi u tandurustie shuma ra az

dargahe izade pak khahanam.

Baktash

WED 2/17/2010, 10:51 AM

dorud bar baktash.

nameatra khandam, shodam shad,

pasokhe anra dir neveshtam;

tchon dastrasiam be kampiuter miastad besiar andak,

dar hafte mitavanam tanha do name nevisamo bas;

agar beman zang zani; 9ya10shab zanbdrdat ykc

WED 3/3/2010, 11:52 AM

dorud bar gerami baktash.

ba andak dastrasi be kampiuter nakhostin payamam ra barayat miferestam.

barha zang zadei be man; baraye in az to sepasgozar miastam;

ba in; hargez natavanestaam an ra behengam shenovam;

tchon an dja miastad hamishe sholugh va ham man nashi miastam,

agar noh ya nohonime shab, ya baz ham dirtar zangzani; shavam khorsand.

ba sepas iranpour.

TUE 3/9/2010, 10:57 AM

dorud bar gerami baktash.

10 ruz pish raftam be sosialamt va khahstam, ta dastur dahand, khane begiram,

goftand: hanuz dastur naamade; besyar biomidoazorde shode budam;

bain, Ashenayiye yekhafte pisham ba yek navazandekhanmeirani va orkestre kammermuzik hame tshiz ra degargune kard;

bekhah az ahuramazda; ta be man istayioshakibayiye bishtari dahad.

ba sepas, iranpour.

WED, 10 MARCH, 2010

Parviz epdare gerami,

Umidvaram hame chi durust shavad.

Haman shakibayi ke guftid, kelid dushvarihast.

WED 4/21/2010, 11:33 AM

faravan dorudoshadi bar to bad, ey gerami baktash!

diruz mara agahandand:

28ome aprel, dorost pas az yek hafte baraye parvaz be tehran amade basham;

tora agahandam, ta to niz baba ra agahani.

ba sepas, iranpour.

THU, 22 APRIL, 2010 20:22:31

Parviz Apdare arjmand,

Umidvaram be har anche ke khahanid beresid. Dar didare shuma az Uropa nashud hamdigar ra bebinim va in mayehe afsos ast harchand shadmanam ke shagerdane shuma dar Iran hamvareh gerde shumayand va be shuma mehr mivarzand u hamvareh pushtibanetanand. In jaye basi khursandist. Ma mikhastim baraye didane shuma be Berlin biyayim harchand chun shuma bezodi be Iran bazmigardid behtar didim nayayim. Man ham dar arezoye bazgasht be Iranam. Nemidanam aya baz Iran ra khaham did ya na, ba inhame umidvaram. Har kari dashtid mara biagahanid. Dostare hamishegie shuma. Baktash

FRI 4/30/2010, 7:16 PM

درود برگرامی بکتاش !
نامه ات را خواندم، شدم شاد،
من دیروز با پرواز لوفتهانزا به تهران رسیدم
و اکنون برای یک یا دو هفته در نزد دانشجویان میمانم
و پس از آن بخانه ی کرایه ای بروم،
به بابا و بابک درود میفرستم آنها را از وضع من آگاهان.
باسپاس ایرانپور.

SAT, 8 MAY, 2010 21:48:34
پرویز اپدر نازنین، بسیار جای اندوه است که دیدارها پس از سی و چند سال تازه نشد. امیدوارم نیکبختی بازگشت به ایران را داشته باشم و بتوانیم پیرامون گفتمانهای بسیاری که داریم رای زنیم. شادمانم که نزد شاگر انتانید. شاید هیچکس چون شاگر دانتان ارزش شما را ندانند. خوشا بشما که در ایرانید. ایران را از ببویید و ببوسید
بکتاش

TUE 5/11/2010, 7:46 PM

درود برگرامی بکتاش،

که چومن سی و چندسال پیش از دوری وجدایی میهن میدارد دردی دلخراش۔

این درد دوری وجدایی را دریافتم من درآلمان، دردل بسیاری از دور افتادگان؛

بدان:

تو اگرباشی در ایران؛ ماباهم کوشیم برای گسترش فردایین زبان،

تافرو غ آن رسد بهمه پارسی زبانان، فراگیرد فردایین ایران؛...

دیشب نامه ای فرستادم برای نویسنده ی «درزرفای واژه ها»،

چون نرسید وبرگشت، بر ایت میفرستم، باشد، تورسانی آن.

باسپاس، پرویز اپدر.

نویسنده ی «درزرفای واژه ها»: دکتر ناصر انقطاع

آدرس ایمیل برگشته:

فراوان دورود برگرامی نویسنده ی «درزرفای واژه ها»!

شش ماه واندی پیش درسوئد مهمان برادرم بودم،

«در ژرفای واژه ها» را درنزد او دیده ودریافتم:

گوهری گرانبها بدستم افتاده؛...

پنج ماه ونیم هم درآلمان گزشت، آن را خوانده ودردانستم:

درباره ی این گرانبهاگو هرمیبایم باگرامی نویسنده ازدرنامه نویسی درآیم،

دریافتگی ودردانستگیها ام را ازآن بروی برگشایم...

اکنون شده ده روز، کی میهستم در ایران،

میاستم مهمان دانشجویان،

همواره میاندیشم درباره ی دریافتگی ودردانستگیها ام در آلمان:

چون تاکنون نامه ای باین شیوه ننوشته ام برای زبان شناسان؛

اکنون مانده ام،

چی سان توانم آنهارا بنامه در آورم وفرستم برای آن گرامی پارسی نویس؟

تاهم خردپزیر افتد وهم دلپزیر؟!

باسپاس، پرویز ایرانپور.

WEDNESDAY, MAY 19, 2010 7:01 AM

پرویز اپدر گرامی، نامه شما را هم اینک برای دکتر انقطاع بازفرستادم.

نشانی رایانامه شما را هم افزودم. همواره کامروا و پیروز باشید

SAT, 22 MAY, 2010 23:10:30

پرویز اپدر گرامی
سرور انقطاع نشانی رایانامه اش را فرستاد
با بهترین آرزوها برای شما
بکتاش

MON, 24 MAY 2010 13:01:56

فراوان دورود برتو، ای گرامی بکتاش!
دکتر ناصر انقطاع را دریافتم و برای این سپاسگزارمیاستم؛ email
برایم روشن نبود:
شان را فرستاده اند، email ایشان نامه ام را خوانده و
تامن نامه ای دیگر برای شان نویسم؟
شان را فرستاده اند، تاتوبرای شان درباره ام چیزی بیشترنویسی؟!‏ یا email
در روشنای این دوپرسش میتواند هماندیشی و همنویسی ای استواربدست آید.
همواره شادوخرم باش! ایرانپور.

THU 5/27/2010, 11:01 AM

پرویز اپدر گرامی، وی نشانی رایانامه خود را فرستاده تا خودتان رایانامه
بفرستید چون جدا از نشانی رایانامه اش چیزی در پاسخش ننوشته است و این شاید
از اینروست که ما را نمیشناسد بویژه اینکه من با نام «بهرام ایرانمند» نامه شما را
فرستادم و شما را «استاد پرویز ایرانپور» خواندم. سوا از این گفتمان، شاید بهتر
باشد شما «پرویز ایرانمند» خوانده شوید چون چندی پیش دریافتم دهه ها پیش
آهنگساز و نوازنده ای بنام پرویز ایرانپور داشته ایم و در پایین پیوند آنرا میاورم
پاینده باشید
بهرام

درود برگرامی بهرام!
پس از آن، کی برگشتم از آلمان،
نزدیک بشش هفته در خانه ی دانشجویان مهمان بودم؛
یک هفته پیش جابجاشده، بخانه ای در نزدیکی ی دانشگاه کوچیدم؛
دو ـ سه روزی هم برشت رفتم و زود برگشتم؛
اکنون بر آن شدم:
ترا از نوشته و فرستاده شده نامه هایم بنویسنده ی «درژرفای واژه ها» آگاهانم،
تاآنهارا درخوانی و از دانش و نگرش و باورش ات بهره ای بمن رسانی.
باسپاس، ایرانپور.

پرویز اپدر ارجمند، نامه شما را برای نویسنده در ژرفای واژه ها فرستادم.
شادمانم که نزد شاگردانتانید. پرویز اپدر نازنین دیدگاه مرا درباره زبان پارسی
جویا شده بودید. از دید من زبان پارسی از آسانترین و روانترین زبانهاست و بر
این باورم زبان پارسی، دستوری آزاد دارد و تا جاییکه شنونده و خواننده آنرا
دریابد درست است. هر آنچه که پارسی را دشوار کند نادرست است. برای پیرایش
پارسی، آسانترسازی آنرا بهترین کار میدانم. پافشاری بر هرگونه دستور زبان،
چه دستور کهن چه نو را که زبان پارسی را بسته یا دشوار کند درست نمیدانم. از
دید من چون پارسی بسیار کهن است، جهان و توانی بس فراخ و گسترده دارد و
میتواند با دبیره ای نوین، چشمگیرترین زبان جهان شود و من این دبیره را ساخته
ام

دوستدار همیشگیتان، بهرام ایرانمند

درود و سپاس برگرامی بهرام!
که نامه های نوشته شده ام را ابنویسنده ی «درژرفای واژه ها» میفرستد؛...
من از تو نخواهسته بودم، «دیدگاه» ات را درباره ی پارسی برایم فرستی؛

خواسته بودم، نامه های نوشته شده ام بنویسنده ی« درژرفای واژه ها» رادرخوانی،

تاازنگرش ودانش وباورش ات بهره ای بمن رسانی؛

توکه میدانی:

اکنون میاستد نزدیک بشش۔ هفت سال، کی رسیده ام من ب«فردایین پارسی»،

کواین میباورد تنها بدرستنویسی وسخت میپرهیزد ازسستنویسی؛

در « امروزین پارسی» ،وارنه، سستنویسی میاستد مهمانی خوش پزیرفته شده،

چون میاستد بسیار آسان،

پس، «دیدگاه» نیزمیاستد یکی ازآن سستواژگان،

چیان میهستند در « امروزین پارسی» فراوان.

اپدرپرویز.

SAT 6/19/2010, 8:59 AM

پرویز اپدر گرامی درود

نخست آنکه ندارم دیدگاهی آنچنان درباره آنچه نوشتید چونکه هیچیک از کسانی را که گویند پارسی دانند ندانم آنچنان استاد. نمیدانم چرا خواهند پارسی را همی دشوار سازند. برایش راه و چاه اینسو و آنسو درگذارند. من همانم که همیشه استوار گویم، پارسی آزاده آزاد است دیدگاه از دیدگاهم واژه ایست پارسی و نکو، پارسی را آسان دوست دارم و آزاد. آنکه دوست دارد سخت گیرد، سخت سازد، سخت گوید و نویسد میتواند. آنکه آسان گیرد و آسان بسازد، ساده گوید و نویسد، چونکه هر پارسی زبان آنرا بیابد خوب دریابد، همانست آنچه هست پارسی سراسر پارسی دیروز و امروز، پارسی فردا، پارسی بگذشته آنسوتر فراتر از زمانها

بهرام ایرانمند

TUE 6/22/2010, 10:08 PM

دورود برگرامی بهرام!

درنامه هایم بنویسنده ی «درژرفای واژه ها» خواسته ام،
تا مرزمیان «امروزین پارسی» با «فردایین پارسی» برای شان روشن
شود؛
برایت نیزنوشتم:
اکنون شده شش۔ هفت سال، کی رسیده ام من ب «فردایین پارسی»،
کواین میاستد هنجارمند وسامانمندترین، ساده وآسان ترین ، راست ودرست
ترین زبان درمیان زبانان،
«امروزین پارسی» درست وارونه۔ بی هنجار وبی سامان ترین، بغرنج
ودشوارترین، سست وکژترین؛
«دیدگاه» میاستد واژه ای در «امروزین پارسی»،
برای دریابی ی درستی یاسستی ی این واژه مینویسم آن را جدا: دید۔گاه،
اکنون ازکنشواژه ی دید کنشواژه هایی دیگر میآورم:
آموخت، نمود، آراست، دانست، آفرید،
اکنون آنهارا میچسبانم بواژه ی گاه:
آموختگاه، نمودگاه، آراستگاه، دانستگاه، آفریدگاه،....
اگردریابی اندیشتار ونوشتار ام را؛
مزد ام پرداخته شده.
باسپاس، ایرانپور.

THU 7/1/2010, 5:08 PM

6

«درباره ی فردوسی سخن بسیارگفته ونوشته شده...»، درست!
بااین، هرگز بژرفا نرسیده ودر ازای بیش ازهزارسال همواره بررویه ی
آن ایستاده؛
بودند دهها وسدها نوشتنده وسرودنده،
کیها باهمه شیفتگی وفریفتگی بآیین ارب نمیتوانستند دید:
یگانه واژگان پارسی را فراگیرند، بیگانه واژگان ازدرد دوری وجدایی
فرومیرند؛...
ازشیبایی وفریبایی ی امروزین فردوسی شناسان بآیین ارب وبیگانه واژگان
دریابیده میشود:

چهره ی پرفروغ آن آفریدگار زبان وفرهنگ وآیین هنوز براستی ودرستی
دیده ونگریسته نشده، تنها چشمانی بینا ونگرا در درازای بیش از هزار سال آن
چهره را از دل وجان میبینند ومینگرند
وهر روز تابش آن را امیپایند،
پس، «...فردوسی را همگان بخوبی میشناسند، » ـ میاستد درست!
آری! اورا همگان بخوبی میشناسند،
چون اوچیگی وکیگی ی آنان را از چنگال اهریمن رهانده وبامروز رسانده.
7

اگر بر سخن «...فردوسی را همگان بخوبی میشناسند، » درنگریم آن سان،
چه سان در درازای بیش از هزار سال میاستد نگریسته شده بر رویه ی آن؛
آنگاه دیگر چی سان توانیم باوریم بآن شگرف نیرویی درونی،
کوای چشمانی بینا ونگرا را بشاهنامه دوخته وشاهنامه را دردل آن چشمان
افروخته،
تاپس از هزار وراندی سال افروزش فردایین پارسی را بهستش آورد؟!...
آری! توانیم باوریم، اگر بجای واژه ی «همگان» دراین جا واژه ی ویژگان
راگزاریم؛
چون دراین هزار وراندی سال همه چیز ـ کردار واندیشتار، گفتار ونوشتار ـ
دردستان ویژگان بود،
اگرچه فردوسی وهماندیشان اش هم از آنان شمرده میشدند؛
بااین، یک در هزاري بودند آنان، کیان بیگانه بودند از ویژگان،
چون خواستار همگان را باز مینمودند...ـ
پس، ازاین جا روشن میشود:
فردوسی هنوز براستی ودرستی شناخته نشده آن سان،
چه سان در هنگام سرودار شاهنامه استوار ایستاده بوده بر فراز چکاد فرهنگ
گزشتار ایران؛
مغزهای انباشته شده از آیین اربیاندیشی واربینویسی نیز هرگز نمیتوانستند
دریابند آن،
چه از پیش میدید ومیاندیشت فردوسی برای آیندگان؟!
8

« هر آنکس، که دارد هش ورای ودین، پس از مرگ برمن کند آفرین»،
اگر فردوسی شناسان براستی هش ورای ودین میداشتند؛

آنان میبایستند بجای ا ز فرانسه آمده واژه ی روشنفکر واژه ی روشنرای
را پیش میگزاشتند،
آنگاه سدها واژه از این گونه باایستار انیز پیش مینهادند؛
دریغا! آنان نه تنها را ه آن بزرگمرد سخن ر انپیمودند وبر اونگفتند:آفرین!
سالها نیز آب در هونگ کوفتند وبدروغین پژو هشها پرداختند؛ ...
من در آلمان شناختم یکی از این فردوسی شناسان را،
که ای پنجاه سا ل کوشیده، شانزده نسک از شا هنامه را برر سیده، تانامیده شود
پروفسور؛
آنگاه، کی من خواهستم درباره ی زبان فردوسی سخن بمیان آورم،
او نخواهست در این باره بگفت وشنو در آید؛ ...
بااین، میبایدگوییده شود:
آنان فردوسی را همواره میستایند نه باشاهنامه و اژگان؛
میستایند تنها باامروزین پارسی،
کو این میاستد در آمیخته سده بابیگانه واژگان.
9

بررسی ی امروزین پارسی از نامه ی 8.
پارسیمیاستد یک زبان،
کو گزر انده بیشاز هزار سال در زندان بیگانه و اژگان،
شده سست وبیمار ونیمه جان؛
دیگر نمیتواند بر ر هد از آن،
بر زبان آورد سخن یگانه و اژگان.
بررسی ی فردایین پارسی از نامه ی 7.
فردایین پارسی نیز میاستد یک زبان،
کو بر رهسته اکنون از زندان بیگانه و اژگان،
شده پر از هوش و خرد ونیرو وروان،
تا بر ای آیندگان سخن یگانه و اژگان را آورد ارمغان.
10

امروزین پارسی دو گزشتار دیده:
یکم ـ بیش از ده سده پیش تاکنون،
دوم ـ از یک سده پیش تاکنون؛
در گزشتار یکم تنها پردیسی ی توسی بود، که «شاهنامه» را سرود
وپیرفتگانی کمتر یافت،

اگر چه پارسی را زیبیستاند و بامروز رساند؛
در گزشتار دوم تنها خسروی ی تبریزی بود، که «زبان پاک» را نوشت
و پیرفتگانی بیشتر یافت،
اگر چه پارسی را جنباند، با این، آن را انجهاند؛
هر دو گزشتار تنهایک ویژگی داشتند ـ ز دو دار بیگانه واژگان؛ ...
من تاشش ـ هفت سال پیش مینوشتم در امروزین پارسی ی گزشتار دوم،
ده ـ یازده سال پیش یافتم شاگردی، که ای میخواند روانشناسی،
او زود دریافت آن، چه سان مینوشتم من پارسی،
آن را در در ازای چهار ـ پنج سال آموخت،
من نیز از تنگای تنهانویسی برآمده، دریافتم آکهای امروزین پارسی را،
آنها را ازدوده، رسیدم بفردایین پارسی،
کو این پس از جدایی از بیگانه واژگان،
میرسد یزدایش آکها در یگانه واژگان.

SAT 7/3/2010, 6:37 AM

Parviz apdar jan dorod, ma hame aknon dar asode rozhaye tabestani dar Bulgharim. Pedar u Madar va Babak jan ham hastand va besyar nikost. Dastresi be dabireye Farsi nadaram va umidvaram betavanid in nameh ra bekhanid.

Dostdare shuma
Baktash

MON, 5 JUL 2010 07:33:29

Dorud bar Baktasho babao mamano Babak!

Besyar miastam shad az an, che mihastid dar kenareham va miasayid baham,

Agar ruzhayi roshantar az in pish ayad,

Omid midaram:

Didarha taze shavad va man niz do-se ruzi dar kenare shoma basham
va ba shoma asayam,
Be omide an ruz hameye shoma ra az dur mibusam.
Parviz apdar.

THU 7/8/2010, 4:53 PM
Parviz apdare gerami,
aknon ba Pedar u Babak jan neshasteim va ba ham sukhan migoyim.
Madar u Firozeh ham rafteand kharid. Babak pas farda bazmigardad va
ma baz deltangash mishavim. Hame khobim u hame durod miferestim.
Jaye shuma besiar tuhist.
Bahram

TUESDAY, OCTOBER 19, 2010 5:39 AM
درود پرویز اپدر جان
امیدوارم شاد باشید. میخواستم از شما بپرسم آیا با استاد کزازی دیدار و گفتگو
کرده اید؟
ایشان مانند شما در ایران زندگی میکنند و بگمانم دیدار و گفتگوی شما با
یکدیگر میتواند شیرین باشد
پاینده باشید

WED 10/20/2010, 12:42 AM
درود برگرامی بکتاش!
اگرچه استاددانشگاه جلال الدین کزازی را ندیده ام؛
بااین، بازبان اش میاستم آشنا،
او نیزچو همه پارسیدوستان بیگانه واژگان را ازپارسی میکند وکنارمیگزارد
وبس۔
این کنش وکنارگزاری میاستد تنها نخستین گام؛

31

دومین گام میاستدآن، چه برداشته ام من از ده ـ دوازده سال پیش و برایت نوشته ام:

بیگانه واژگان در درازای بیش از هزار سال تنها برپارسی و اژگان نتاخته اند؛ ویژگیهای سامانمندی و هنجارمندی ی آن را ازیک سو، درون زایی وگسترش آن را نیز ازدگر سو ازمیان برده اند،

باااندکی کندوکاودرنوشتار ام وسنجش آن بانوشتاردیگرپارسیدوستان میتوانیدباین راستین پدیده اگرچه تلخ پی برید.

باسپاس، ایرانپور.

WEDNESDAY, DECEMBER 29, 2010 4:18 AM

پرویز اپدر ارجمند
از کوشش و برگردان شما سپاسگزارم. دوست دارم دیدگاهتان را پیرامون واکاوی این پژوهندگان روس بدانم. از دیدگاه من زمینه هایی درخور بررسی در کار آنها بچشم میخورد هرچند بکار آنها خرده های بسیاری نیز میتوان گرفت. من کارهای آنها را سراپا نخوانده ام و تنها بخشهایی از کارشان را دیده ام. نوشتار هایی را نیز خوانده ام که بکار آنها خرده گرفته اند. به هر رو اگر توانستید دیدگاه خود را درباره کار آنها برایم بنویسید. با سپاس. بهرام ایرانمند

THU, 30 DEC 2010 04:45:36 -0800
آناتولی فومنکو ونوسووسکی ـ دوگزشتارشناس ـ باشیوه هایی شمارشی وآماری وستاره شناسی
راهی نودرگزشتارنویسی گشوده، ازاین راه چهره ی گزشتارآگاهی را دگرگونه نموده اند،
ازآنان پرسیده شده:
پس، ن

SUNDAY, JANUARY 02, 2011 2:46 PM

درود پرویز اپدرجان

گمان بردم که به برگردان روسی به پارسی یا آنگونه که شما میخوانید فردایین پارسی دلبسته شده اید. من هم هنگامیکه داستانهای آیندسان به پارسی و بر پایه ارزشها و جهان نگری فرهنگ ایران مینگارم سرمست آن جهانهای پنداشتی میگردم. دوستدار شما. بهرام ایرانمند

MON, 3 JAN 2011 05:42:22 -0800

درود بربکتاش!

دیشب سومین نامه ی برگردانده شده ازگزشتارنویسی ی روسی را برایت فرستادم،

نمیدانم:

آز ادوکوتاه برگردانی ام تاچی اندازه میتوانست برایت پزیرفته شده باشد؟

تنها میدانم:

نخستین باربرایم پیش آمده بود، تا برگردانم روسی ـ آن هم بفردایین پارسی؛

پس، اگر اندک خرسندی ای از این آزمودار درمن پیداشد؛ برای آن بود:

همسامانی وهمهنجاری ی روسی ودیگرزبانان اروپایی بافردایین پارسی برایم روشن ترشد؛...

بینشگاه ام را، چه را خواهستی دانی، میاستد همآن نویششگاه ام.

باسپاس، ایرانپور.

TUESDAY, JANUARY 04, 2011 2:50 PM

پرویز اپدر جان درود، خسته نباشید، من همواره به آزادی و سادگی زبان ایرانی پایبندم و باور دارم چون زبان ایرانی کهن است زبانی پربار است که هم آزاد و هم آسان است. در زبان ایرانی شما هم میتوانید بگویید یا بنویسید از دید من که ساده ترین است یا از دیدگاه من و یا آنگونه که شما نوشتید و کمتر بکار میرود از بینشگاه من. در زبانی که شما بکار میبرید گاه سخن فشرده تر، کوتاهتر، پیراسته تر و ساده تر است هرچند بیشتر روشی بچشم میآید که دشوار و پیچیده است. برای نمونه شما مینویسید " در پزیرش و ناپزیری هرکس میاستد آزاد ". من اینرا درمی یابم هرچند شما بسادگی میتوانید بنویسید در پذیرش یا ناپذیری هرکس آزاد است یا هرکس آزاد است بپذیرد یا نپذیرد یا از همه کوتاهتر و ساده

تر، هرکس رایی دارد. در پایان نامه تان نیز نیک اندیشی مرا به پرسش کشیده اید که "اکنون خرسندی ام از همسامانی و همهنجاری ی روسی با فردایین پارسی را بدلبستگی وسرمستی برمیگردانی؟!". با اینهمه باید بگویم که این سخن پایانی از همان نمونه های روان و نیکی است که پیشتر یاد کردم گاه در نوشته های شما دیده میشود. با بهترین آرزو ها برای شما. بکتاش

WED, 5 JAN 2011 04:53:12 -0800

درود بربکتاش!
درست گمان نبردی:
«گمان بردم که به برگردان روسی به پارسی یا آنگونه که شما میخوانید فردایین پارسی دلبسته شده اید.»........................
بار ها از نامه هایت دریافته ام:
بسیاری ازویژگیهای فردایین پارسی همواره برایت بیگانه وتیره وتاربوده، تنهایکبار در این باره نوشتم و واژه ی دیدگاه را برایت شکافتم،
چون باامروزین پارسی نمیخواند، آن رانپزیرفتی۔ (درپزیرش وناپزیری هرکس میاستدآزاد.)
اکنون خرسندی ام از همسامانی و همهنجاری ی روسی با فردایین پارسی را بدلبستگی وسرمستی برمیگردانی؟!
ایرانپور.

FRI, 7 JAN 2011 05:31:05

درود بربکتاش!
یکی ازویژگیهای فردایین پارسی میاستدآن،
چه میاستد پراز روشنی وپاکی ومهروداد۔ این را بیگمان دریافته بودند پردیسی ی توسی وپیرامونیان اش دردرازای زیستارِاشان؛ من نیزدریافته ام این رانه دیروزوپریروزوپارسال وپیرارسال۔ آری! باشد، دردرازای بیش ازپنجاه سال؛

اگرنوشته ام: (درپزیرش وناپزیری هرکس میاستدآزاد)ـ این میرساند: دراندیشش ونااندیشی،گویش وناگویی، نویسش ونانویسی نیزهرکس میاستدآزاد؛... بدان وبدانان:

من هرگزبهیچ چیزجز بروشنی وپاکی ومهروداد دل نبسته وازهیچ تیرگی وتباهیها سرمست نشده ام.
ایرانپور.

FRIDAY, JANUARY 07, 2011 12:53 PM

درود بر پرویز اپدر ارجمند
گذشته از خرده گیریها میدانم که کارهای شما ارجدار است و در آینده به کوده فرهنگ ایران خواهد پیوست. به کارهای بزرگانی چون کسروی و هدایت و .... نیز خرده گرفته شده است هرچند آنها و کارهایشان اینک بخشی از فرهنگ ایرانند. شاید یکی از ویژگیهای شما ایرانپاکی کارهایتان باشد. من خود این ویژگی را در بیشتر کارهایم بکار میبرم. کسروی نیز از ایرانمندانی بود که در رشته ای از نوشتارها و بخشی از کارهایش فروزه ایرانپاکی تابناک است. با بهترین آرزوها برای ما. بکتاش

SATURDAY, JANUARY 08, 2011 2:29 PM

پرویز اپدر گرامی
همانگونه که نوشته ام زبان ایرانی آزاد است. در سراپای زبان ایرانی آزادی فرمانرواست چون کهن، ریشه دار، استوار، گسترده، بالنده و همواره شکوفاست. از اینروست که شیوه زبانی شما دریافته میگردد همانسان که شیوه زبانی پیروان یا بگفته شما پیرفتگان « آذرکیوان » در « دساتیر » دریافته میگردد و با اینکه زبان دساتیر را ساختگی و بی پایه دانسته اند هرچند در زبان ایرانی پایدار است چون از زبان ایرانی برآمده است. در زبان آذرکیوانیان نیز که پنج سده پیش میزیستند ایرانپاکی پوینده و پاینده است. بهرام

SUN, 9 JAN 2011 06:38:46

درود بر بکتاش!

از آن هنگام، از کی نامه نویسی ی کامپیوتری را باتو آغازیده ام،

تاکنون همواره خواسته ام نویسم آن سان، چه سان دریابی تو:

کوجدایی میهستد درشیوه ی پارسینویسی ام با شیوه ی پارسینویسی ی دیگران،

کیان را نامیده ای تودرنامه ات؟!...

دریغا! دراین هفت ـ هشت ـ نه سال همنویسی نه تنها نشانه ای ازدریابی ات دیده نشد؛

وارونه! همواره خواسته ای وانمایی:

شیوه ی پارسینویسی ام را درمیابی ومینویسی آن سان، چه سان مینویسم من،

نیزدفترچه ای ازنوشتار ام گردآوردی، برای بابافرستادی، تاا و هم بینشگاه اش را برای توفرستد؛...

چهار ـ پنج سال پیش هنوزمن بفردایین پارسی نرسیده بودم، کی برایت نوشتم:

پیرفتگان شادروان خسروی ی تبریزی هنوزبرادمردی وبزرگی ی اوپی نبرده اند،

اگرنه؛

میبایستتند پس ازنخستین گام بیگانه واژگان زدایی بدومین گام بازآرایی ی پارسی میرسیدند،

کیان نرسیدند وهرگزهم نرسند، چون هنوزهم پارسی را فارسی میخوانند ومینویسند؛...

بتونیزدیگربا نگاه پرفروغ امید وآرزوی دو ـ سه سال پیش نمینگرم،

چون میدانم:

درمیان فرهنگ روشن اندیشان پرورده شده ای ـ

هنوزهم درایران کچل را ازلفعلی، کوررا عینعلی، شل را قدمعلی مینامند.

ایرانپور.

نه تنها زبان که سرتاسر فرهنگ رخشای ایران، جهان تابناک آزادی و آزادگی است

ز کاوه ز آرش ز تهمتن منم

ز فرهنگ آزاده ایران تنم

مبندید امید بر من دلسوختگان
به دل آورید مهر چو آزادگان
بهرام ایرانمند

TUE, 11 JAN 2011 01:03:35

نوشته ای:
«زبان ایرانی آزاد است»
هم این یک سخن میاستد براستی نشانه ای درست از تیره اندیشی وول انگاری
ویاوه سرایی،
چه وچه از فرهنگ روشن اندیشان (بآیین کچل۔ زلفعلی بخوان: تیره اندیشان)
بمغز ات فرورفته،
اگر از این پلیدیها وپلشتیها دیگر ننویسی شوم بسیار شاد وسپاسگزار؛
من از نیکی ات ندارم هیچ امید،
نمیخواهم بدی از تو آید پدید.

WED, 12 JAN 2011 08:04:40

زبان نمیاستد آزاد،
زبان میاستد تنها یک ابزار،
چه میرساند اندیشش را از مغز بگویش؛
تونیز نمیاستی آزاد،
تومیاستی تنها یک ابزار،
چه میرساند اندیشش (دیگران) را از مغز بگویش،
توبکژ اندیشی ات سخت مینازی،
بروشنی وپاکی ومهر وداد سخت میتازی،
چون از چهارده سالگی تاکنون باکژ اندیشان دل میبازی.

FRIDAY, JANUARY 14, 2011 11:49 AM

زبان بسته دربست کمند است

37

زبان باز آزاد سمند است
دسته دستور بدست اوستاد است
پارسی استوار آزاد ستاده است
رسته پیراسته آراسته است
زیسته گلدسته سرو آزاد است
جسته پرگسترده در پرواز است
رونبسته نیست خسته ارجمند است
فرهمند است همان ایرانمند است

WED, 23 MAR 2011 02:06:32

امروز زنگ زدی؛ شدم شاد!
اکنون، کی نشستم پیام برایت فرستم؛
انگار، پسین پیام ات، چه بی پاسخ گزاشته بودم، رفته بود ازیادم.
از نو خواندم:
« زبان بسته دربست کمنداست »
از این سخن هیچ درنیافتم؛
« زبان باز آزاد سمند است »
از این سخن بیشتر درماندم؛
از هر، چه بیشتر خواندم، براستی چو خر چهار دست و پایی درگل فروماندم.
بیزاری ای سخت وروانی درمن پیداشد ونتوانستم برای این سان یاوه بافیها
پاسخی یابم؛...
اینک بآن میاندیشم:
این همه پیامها، چها در دراز ای ده-پانزده سال یابیشتر برایت فرستاده ام،
آیا نمیاستند درنگرش ات پر از این سان یاوه بافیهایی، چهایی گشوده ام من
درواپسین پیام ات؟؟
آن، چه اکنون روشن شده و من از سالها پیش آن را دریافته ام، میاستدآن:
در ارزشها ویابشها ونگرشها ماازهم میاستیم سددرسد جدا،
بااینهمه، تو میاستی گرامی فرزندگرامی برادرم،
پس، من میبایم برای تندی درپیامهایم از تو پوزش خواهم.
باسپاس، ایرانپور.

پرویز اپدر بزرگوار

بهترین درودها و شادباشهای نوروزی و سال نو را بسوی شما میفرستیم

شما هر اندازه هم که خرده بگیرید ما دوستدار شماییم و خب اگر خرده گیری نبود و ناهمسویی و همه به به و چه چه بود که دیگر پیشرفتی نمیبود. ناهمسویی و همرآی نبودن هم شما خود بهتر میدانید تا جهان بوده همیشه بوده است. از پایاندیشیهایی یا اندیشه های بنیادی که به آن رسیده ام ارجداری یگانگی و گوناگونی در کنار یکدیگر است. دریافت اینکه همه چیز یکی است و همزمان گوناگون. به هر رو ما شما را هرگونه که هستید دوست داریم و اگر هم پوزشی در کار است من از شما پوزش میخواهم. کوتاه سخن اینکه اپدر جان دوستتان داریم و بکارتان ارج میگذاریم

به نوروز چون سالهای پسین

یکی آرزوست مردم سرزمین

جهان شاد و خرم بهشت برین

سرافراز و آزاد ایران زمین

«بهرام ایرانمند»

پرویز اپدر گرامی درود، این نامه پیشین شما بسیار روان بود هرچند میتوان از نوشته شما خرده گرفت که چرا « را » در جاهایی آمده که نیاز نیست. " که شاهنامه سرود و بیگانه واژگان از آن زدود " آیا پیراسته تر از " که شاهنامه را سرود و بیگانه واژگان را از آن زدود " نیست؟ یا " که زبان پاک نوشت و بیگانه واژگان از آن فروهشت " یا " خرده گیرد کسی که ای راستی و درستی یا نشناسد یا از آن بسیار دور باشد". با اینهمه در دستور زبان آزاد ایرانی هم اینگونه میتوان نوشت و هم آنگونه چون آماج، رساندن مینای درست سخن است. کار و کوشش شما در راه سامانمند ساختن پارسی است و افزون بر شناسایی واژگان ایرانی و چگونگی ساختارشان، شناخت، پی ریزی، ساختمان و کارکرد دستور زبان درست ایرانی را در بر میگیرد. این کاری ارجدار است و از کنشها یا واکنشهای سرشتین فرهیختگان یک کشور بشمار میرود. شما ساختار دستور زبان کنونی

ایران و شیوه نگارش پارسی را در جایگاه درست دستوری اش نمیدانید و انگار ساختار دستور زبان درست و بنیادین ایران را بیشتر در دستور زبانهای اروپایی یافته اید که کمابیش دست نخورده مانده اند. جای شگفتی نیست که برخی واژگان ایرانی نیز که اکنون در زبان پارسی بکار نمیروند یا بهتر بگویم، واژگان گمشده ایرانی همچنان در زبانهای اروپایی زنده و پویا هستند. مانند « امرتات » ایرانی که در انگلیسی « ایمورتال » شده یا « و هومن » ایرانی که در زبانهای اروپایی « هیومن » و مانند آن شده است. شما روی هسته زبان ایرانی کار میکنید و آنگونه که زبان ایرانی باید باشد. من افزون بر کار بر هسته بنیادین زبان ایرانی و پاکسازی، بهسازی و نوسازی زبان ایران، به پیرامون و فراگرد هسته زبان ایرانی و آنگونه که زبان ایرانی بوده و هست و روند دگرگونیهای زبان ایرانی نیز مینگرم. من پیرو آزادی زبان ایرانم و چون گستردگی و پرمایگی زبان ایرانی را میدانم دستی باز و آزاد در زبان ایرانی دارم و از همین روست که بکار شما نیز ارج مینهم هرچند شما چون بیشتر بر هسته بنیادین زبان ایرانی کار میکنید و بر آنگونه که زبان ایرانی باید باشد پای میفشرید بودنیهای زبان ایرانی را یا نمینگرید یا کمتر مینگرید و از اینرو نمیتوانید دیدگاه و کار مرا دریابید. زبان آزاد ایران همانگونه که به سخن زرتشت ارج میگذارد، سخن فردوسی را بزرگ میدارد، سخن حافظ را شیرین، سعدی را نغز، مولوی را پرشور، خیام را روشن، کسروی را پاک، ایرانپور را آینده ساز، ایرانمند را فراگیر و آیندگان را به همینگونه.

بهرام ایرانمند

THU, 31 MAR 2011 23:46:21

با درود نوروز و نوسال!
من میاندیشم در فرداپین پارسی،
نیز میگویم در فرداپین پارسی،
پس، مینویسم در فرداپین پارسی،
چون میاستم پیرو پردیسی ی توسی؛...
گفت و شنوی ما در دراز ای بیش ازده پانزده سال همواره درباره ی امروزین پارسی بوده و میاستند،
من بارها نوشته ام:
امروزین پارسی بیش از هزار سال گزرانده در زندان بیگانه و اژگان،
تا مرز مرگ شکنجه دیده، هرگز سر فرو نآورده،

40

بااین، نمرده، شده سست و بیمار و نیمه جان؛
نخستین کس، کو این جانی تازه دمید بامروزین پارسی، بود پردیسی ی توسی،
که شاهنامه را،سرود و بیگانه و اژگان را از آن زدود
دومین کس، کو این جانی تازه دمید بامروزین پارسی، بود خسروی تبریزی،
که زبان پاک را نوشت و بیگانه و اژگان را از آن فروهشت؛...
آیاکس تواند خرده گیرد، اگر سخنانی این سان پاک و روشن نویسد؛
خرده گیرد کسی، که ای راستی و درستی را یا نشناسد یا از آن بسیار دور باشد،
پس، آن، چه در این سالها درمیان ماگزشته، خرده گیری نبوده؛ گفت و شنو
بوده۔
درگفت و شنو میتوانند راستی و درستی باکژی و سستی رودرروی هم ایستند
و بهوده ای استوار رسندیا نرسند،
اگرگفت و شنوی مابهوده ای استوار نرسید؛ برای آن بود،
چون رسیده ام من بزبانی سامانمند و هنجارمند، تو، وارونه، هنوزدست
و پامیزنی درزبانی بیسامان و بیهنجار آن سان،
چه سان هنوزدست و پامیزنند دکتر ناصر انغتا و دکتر جلال کزازی، درست
در رویه ای بسیار بالاتر از شما؛
پس، بدان و بدانان:
آن، چه در این نامه نوشته ام من برایت،
هرگزنمیاستد خرده گیری، چون میاستد ارزشیابی، اگرچه هم سستیهایی
در آن باشد.
ایرانپور.

گفت و شنو درمیان مامیاستد براستی بسیار دشوار و بغرنج،
چون دریابی ات ازنوشتار ام میاستد پر ازکژیابی و هرج و مرج آن سان،
چه سان میاستد دریابی ام ازنوشتار ات۔
اگرچه برایت روشن نوشتم جدایی ی خرده گیری را از ارزشیابی؛
تو باز هم در خرده گیری ات استوار ایستاده ای،
هرجور هم خواهی ایستی، تو میاستی بیگمان آزاد۔
باین، شیوه ی گفت و شنو را، آن هم در فردایین پارسی، تو نمیدانی و نمیشناسی؛

41

پس، تونیز میاستی چوسدها اربی نویس،کیهاکنارگزاشته اند تنها تَن اربی واژگان را،
تا در امروزین پارسی نگاه دارند جان آنان را.
ایرانپور.

MON 4/4/2011, 8:27 AM

پرویز اپدر جان، شما درست میگویید و من کار شما را دریافته ام. شما در پی بازسازی ساختار زبان ایرانی هستید. این کوششی ستودنی است هرچند زمان میبرد. از سویی فراموش نشود که دستور زبان تازی کار ایرانیانی چون روزبه پارسی، خرداد به، سیبویه و .... بوده است. همینکه شما مژده فردابین پارسی میدهید نشان از شناسایی هستی و پایندگی بنیاد و ساختار زبان ایرانیست. ایرانمند

WED, 6 APR 2011 01:28:31

درود بر بکتاش!
در این نامه، نیز در پسین نامه ات دیدم نشانه هایی، چه هایی در بر میدارند مژده ی اندک دریابی ات را از فردابین پارسی،
اگر این نشانه ها این سان اندک‌اندک آشکار شوند،
میتوانند نیرویی آفرینشزای درمیان مابهستش آورند و مارا بسوی رویش و بالش هرچه بیشتر فردابین پارسی پیش برند؛
اگر خواهی دریابی، چه ویرانه ای میاستد امروزین ایران؛ میبایی دریابی، چه ویرانه ای میاستد امروزین پارسی-
امروزین پارسی میاستد آینه ای، کو ای روشن و آشکار و امینماید زندگانی و کوشندگانی و اندیشندگانی ی امروزین ایران را؛
میدانم: همه زندگی و کوشندگی و اندیشندگی ات برپایه امروزین پارسی میچرخد،
برای این نمیخواهم تلخیهای آن را بیشتر و انویسم،...
اگر اندکی بیشتر فردابین پارسی اندیشی؛
بدان:
من همیشه در کنار ات هستم.

42

باسپاس، ایرانپور.

درود اپدر پرویز پیروز
با پوزش از دیرنوشتن پاسخ به شوند گرفتاریهای کاری، میدانم در فردایین
پارسی مانند زبانهای اروپایی ورزها با پسوندی یا پیشوندی میپایانند. درست مانند
همین نمونه که نوشتم، بجای اینکه بگویم پایان میگیرند یا پایان می یابند میگویم
میپایانند. اینرا یادم است شما در آلمان در زمان خردسالی ما میگفتید. میدانم این
تنها یکی از کارکردهای فردایین پارسی است. به هر رو اگر زمینه های دیگر
را برشمارید سپاسگزار میگردم، ببخشید میسپاسم یا سپاس میگزارم. میدانم شما
همیشه در کنار مایید چون ما همیشه در کنار شماییم. دوستدارتان، ایرانمند

درود بربکتاش!
امروزین پارسی میاستد زبانی،
کوای دردرازای بیش از هزارسال بابیگانه واژگان درآمیخته ودچارفراوان
بیسامانیها وبیهنجاریها شده،
این یافتاررابیگمان بارهاوبارها برایت نوشته ونایافتگی ات درآن راهمواره
درنامه هایت دیده وخوانده ام،
آن، چه بیش از هرچیزدراین سالهابرایم روشن شده، میاستد بیگانگی ات
ازاندیشتاروگفتارونوشتار ام-
چون بیسامانیها وبیهنجاریهای امروزین پارسی سخت درجان ات نشسته،
پس، هر، چه اندیشی وگویی ونویسی، نمیاستد بیرون ازآن:
پایان میاستد جفت چودستان وچشمان وگوشان،
اهریمنیان برای ویرانگی ی هرچه بیشترپارسی فرجام راازمیان برداشته
وپایان رابجای ان گزاشته اند،
تاتونیز ازآنان کم نآوری.
باسپاس، ایرانپور.

MON 4/18/2011, 8:18 AM

اپدر پرویز راه و چاره شما چیست؟
میدانم فردایین پارسی است. خب آنرا بگشایید. بنویسید فردایین پارسی چیست
و آنرا روشن سازید. گاه گمان میبرم خود نیز نمیدانید. با سپاس، ایرانمند

WED 4/20/2011, 8:33 AM

هر چه کوشید و کارید از فردوسی فراتر نمی آرید. شاید هم آرید و بالید چون
شما هم پارسی پایید، تا توانید بکاوید که پارسی زایید و ماند جاوید. دانید شمایید
چون خورشید، آیید بینید سازید، در دید، مهرید، پندید، کارید، نامید، شاهید

THU, 21 APR 2011 05:14:14

پس از سالها نامه نویسی و همنویسی اکنون برای نخستین بار میپرسی:
راه و چاره شما چیست؟
میدانم فردایین پارسی است. خب آنرا بگشایید. بنویسید
فردایین پارسی چیست و آنرا روشن سازید. گاه گمان میبرم خود نیز نمیدانید.
این نوشتارات را برای آن آوردم، تاباری دیگر آن را خوانی،
باشد، اندکی بیشتر از آن، چه میاستی نادان و ناتوان، توانی دانی،
گر چه میدانم، هیچ نوشتاری را دوبار نمیخوانی؟...
پارسینویسی را من با تو آغازیده ام اکنون بیش از ده ـ پانزده سال،
بفردایین پارسی رسیده ام اکنون بیش از سه ـ چهار سال،
در همه نامه هایم ترا همواره بزرگ داشته ام،
برایت از فروشکوه فردایین پارسی نوشته ام؛
با این، تو همواره کوشیده ای بانیرنگ و تردستی همه کردار ام را کمرنگ
یابیرنگ و انمایی،
پس، اکنون پس از سالها نامه نویسی و همنویسی افتاده ای درپی راه گشایی؟!

FRI, 22 APR 2011 04:21:47

برای دریابی ای درست از فردایین پارسی پسین نامه ات را بآن برمیگردانم:

۱ـ راه و چاره ی شما چیست؟ راه و چاره ی شما میاستد چی؟
۲ـ میدانم فردایین پارسی است. میدانم: میاستد فردایین پارسی،
۳ـ خب آنرا بگشایید. پس، آن را گشایید،
۴ ـ بنویسید فردایین پارسی چیست بنویسید: فردایین پارسی میاستد چی؟
۵ـ و آنرا روشن سازید. آن را روشن نمایید؛
۶ـگاه گمان میبرم خود نیز نمیدانید. گاهی میپندارم: خودشما نیزنمیداند.

TUE 5/10/2011, 8:14 AM

دگرگونی چندانی میان نوشته خود و شما نمیبینم. آنچه ارزشمند است دریافت
است و دریافت از هر دو نوشته یکسان است. گذشته از اینها نارواست که » است
« پیراسته پارسی را که در آلمانی » ایست « و در انگلیسی » ایز « است، »
میاستد « شود هرچند که زبان آزاد ایرانی این توان را بشما میدهد و چنانچه شما
چنین نویسید و چنین سخن گویید من آنرا در مییابم و این نشانگر ژرفا، گستره،
بلندا و توان بیپایان زبان ایرانیست.

SAT 1/14/2012, 3:23 PM

درود اپدر پرویز
امیدوارم خوب باشید
اکنون همزمان روی چهار جستار کار میکنم
یکی هفت سین، دومی آبراه و دریای پارس
سومی عربستان یکی از استانهای ایران
و چهارمی اسپهبدان و پادوسپانها
بفرجام که رسید برایتان میفرستم
داستانهای آیندنگرم را نیز رفته رفته در این نشانی میگذارم
با بهترین آرزوها
بهرام ایرانمند
۲۴ دیماه سال ۸۴۹۲ زرتشتی

WED, 27 MAR 2013 00:42:02

باستانی نوروز و نوسال بر تو و باباو بابک
و دیگر گرامی هممیهنان خجسته و فرخنده باد!
باسپاس، ایرانپور.

THU 3/28/2013, 2:46 PM

نوروز پیروز اپدر پرویز
زنگ زدم هر چند نبودید
با بهترین آرزوها برای شما
بهرام

SAT 2/28/2015, 12:39 PM

اپدر پرویز گرامی درود فراوان
امروز از شنیدن آوایتان و گفتگو با شما بسی شاد گشتم
اپدرجان این نشانی داستانهای آیندنگری است که نگاشته ام
نشانی پایین هم کاری است که بنام جام جهانی ساخته ام هرچند با چارتار
نواخته ام
همواره شادی و بهروزی شما را خواهانم
دوستدار شما
بهرام ایرانمند

SUN 3/1/2015, 10:29 PM

درود برگرامی بکتاش!
نامه ات را، ازبس ریزنوشته شده بود، بسختی خواندم،
بیش از نیمی از آیشنگر داستانهایت را نیز تانیمه های شب خواندم،
درباره ی آنها در اینگاه نمیتوانم چیزی نویسم،
youtub گشوده نشد۔ یادابزار ام میاستد سست و نادرست، یامن میاستم ناشی،
باشد، یکی از شاگردان ام آن را گشاید.

باسپاس، ایرانپور.

اپدر پرویز گرامی درود فراوان
نامه شما رسید و خشنود گشتم. چندی است که شماری از نامه ها و کارهای
خود را پراگنده ام که میتوانید در نشانیهای پایین ببینید
این نامه ها را پراکنشگاهها بفروش میرسانند گرچه تاکنون فروشی نداشته اند
هرچند خرسندم که برون آمده و در دسترسند. این نامه را درشتتر نوشتم. به
همه خویشان و دوستان درود برسانید. دوستدارتان. بهرام ایرانمند

اگر تو آیی،
من هم آیم،
نا آیان هم آیند؛
آیندگی شود پر از هم آیی،
دیگر نآید بمیان نا آیی،
هستان را فراگیرد بازآیی،
ایران شود آیشگاه خوش آیی.
پرویز ایرانپور
برگردان از کیوان سپهری:

If you come
I also come
not comings will come
future will be filled of convention
never come not coming in
the existence encompasses recom
Iran will be presence of welcome

من می اندیشم آنسان،
چسان نمی اندیشد کس؛

نیز می‌گویم آنسان،
چسان نمی‌گوید کس؛
پس می‌نویسم آنسان،
چسان نمی‌نویسد کس؛
برای این می‌استم بی هم اندیش و بی همگوی و بی همنویس و بی همکس.
پرویز ایرانپور
برگردان از کیوان سپهری:

I think like that
not thinking other one like that
I also speak like that
not speaking other one like that
so I write like that
not writing other one like that
that's why I'm without like-minded, interlocutor, co-author and
partner

TUE 3/3/2015, 11:00 AM

اپدر پرویز بس نیکوست
هموست همواره نیروست
اپدر پرویز پُربارست
ایرانساز و پُرکارست
اپدر پرویز اندرزست
کشتورز و فرامرزست
اپدر پرویز نوسازست
مرد هنر سربازست
اپدر پرویز پیروزست
اپدر نوروز هر روزست
«بهرام ایرانمند»

تو مرا میستایی برای چی؟
مرا تاکنون نستوده کس،
من ستایش را نمیشایم۔
این را از من ننهفته کس؛
نکوهش را بیشتر شایم،
اگرچه رو ننموده کس؛
تو مرا میستایی برای چی؟
مرا تاکنون نستوده کس.

ما پیرو مهر یم و ستایش
خورشید جهان داریم و بخشش
ما مهر سراپاییم و کوشش
سرزنده و پاینده به رویش
ما را ه سپهریم ز نیایش
سرگشته سر آغاز سرایش
ما جان جهانیم نه نکوهش
اگر م کوه نکوهیم نه کاهش
بهرام گردید کیهان به نمایش
دریافت نایافت همه هیچ و دانش

درود بر بکتاش!
من از نخست میدانستم:
تو پیرو مهر و ستایش میاستی،
از سر تا پا مهر و کوشش میاستی۔
برای این سپاسگزار میاستم؛
با این، میخواهستم گویم:

من باینهمه مهر و ستایش و مهر و کوشش نمیشایستم.
باینهمه فروشکوه نمیارزیدم و نمیسزیدم،
چون بزرگترین و پاکترین ستایش را بمن سرودی آنگاه،
کی زنگ زدی و نامه نوشتی بمن؛
دورباد همواره ازتو اهریمن!
باسپاس، ایرانپور.

THU 3/12/2015, 9:02 PM

درود بر اپدر پرویز گرامی
ارزانی دانش هنری ستودنی است
زین فراتر کوشش مهربانی ماندنی است
زنگ باید میزدم گر تارپودی می زدم
چار تار و ششتاری کو استاد کاویدنی است
سپاس، ایرانمند

THU 3/19/2015, 12:06 PM

کدامین آسمانی نامه ورجاوند نام ایران بر بخواند
ز ایران و ز ایرانی ز مردان و زنان پاک هفت کشور
ز هیرمند و از فر کیانی هورمزد مهر و آناهیتا سرآید
کدامین آسمانی نامه گیومرت از هوشنگ تا جمشید و کی گوید
وز گرشاسپ فریدون درفش کاویان ایرج منوچهر آرش
کیان سیاوش کیخسرو شهریار هفت کشور سخن آرد

THU 3/19/2015, 9:32 PM

اپدر پرویز
با شادباشهای نوروزی
سرودهای که فرستاده شد به نادرست فرستاده شد و نافرجام بود
با بازنگری فرجام یافته و درست بزودی فرستاده میشود

نوروز پیروز

باز دست خورد و بنادرست فرستاده شد
سروده ای که فرستاده شد همچنان نافرجام است
بزودی میفرجامد و میفرستمش

کدامین آسمانی نامه ورجاوند نام ایران بر بخواند
هم ایرانی مردان و زنان پاک هفت کشور ستاید
ز هیرمند فر کیانی مهر هرمز ناهید و بهرام سراید
کدامین مینوی نامه گیومرت هوشنگ تا جمشید و کی گوید
وز گرشاسپ فریدون درفش کاویان ایرج منوچهر آرش نامد
از سیاوش وز کیخسرو شهریار جهانها از توس سخن آرد
کدامین نامه کیهانی پندار گفتار کردار نیکی برفرازد
کشور مینایی بهمن فر اهنگ گروسمان رهنماید
خداوند کدامین نامه فرماید ایرانی کو آفریند
کدامین از فرشگرد همار نوگشتن گیتی مژده میدارد
(بهرام ایرانمند)
۲۹ اسفندماه
۸۴۹۵

نوروزونوسال ونوبهاربرگرامی باباوبکتاش وبابک ومامانان وفرزندان
خجسته وفرخنده باد!
برای پارسیاندیشان وپارسیگویان وپارسینویسان نیزشودخوش وخرم وشاد!
تاباگسترش زبان وفرهنگ وهنروآرمانموزیک ایران شودآزادوآباد!
با سپاس، پرویزاپدر.

اپدر پرویز گرامی درود

برای پراکنش نوشته ها و کارهایتان دو پایگاه را میتوانید بکار گیرید. یکی بنام و نشانی:

است که نامه ها و کارهایتان را در یکرشته پایگاهها برای فروش میگذارد که سامانه ها و ابزارهای گوناگون رایانه ای میتوانند دریافتش دارند. راهنمایش را باید خوب بخوانید و بکار بندید وگرنه کارها و نوشته هایتان را نمیتوانید بارگذاری کنید. راهنمایش در خود جایگاهی که نشانی اش در بالاست رایگان در دسترس است. پایگاه دیگر که برای پراکنش نوشته ها در چارچوب یک نامه است بنام و نشانی:

است که ویژه پایگاه «آمازون» است و نیز برای سامانه و ابزار رایانه ای اش. در آن جایگاه هم باید راهنمایش را خوب بخوانید و بکار بندید که کمابیش همانند راهنمای دیگری است. در یکی یا هر دوی این پایگاهها باید نامنویسی کنید و سپس یک نامنویسی هم باید در پایگاه:

انجام دهید که چنانچه یا هر زمان که کاری از شما فروش رفت پولش را آنجا برایتان بفرستند. باید بدانید که همه کارهای آماده سازی و پراکنش نوشته ها و کارهایتان را خود باید انجام دهید. پیروز وکامروا باشید

درود بر گرامی بکتاش!

میاستند دیرگاهی نامه نویسی امان از راه ایمیل بریده شده، پیامهایی، چهایی میفرستی، بیشترین اشان از نگاه ام پنهان میمانند و بآگاهش ام نمیرسند، چون در فیسبوک میاستم بسیار کند و ناشی! پیامی هم از راه فیسبوک درباره ی دشواریها و بغرنجیها فرستادم و پاسخی نگرفتم؛

پس، خواهستم بایمیل ات پیامی فرستم و پرسم درباره برخی از آنها:

تو میدانی، چه از چهار پنج ماه پیش linked in برایم پنجره ای گشوده، پروفایل ام را در آن رجبرج برایشان نوشته، پیامهایی بسیار ازسد۔سد وپنجاه خواهش پییندی از ویژگان رشته های زبان برایم فرستاده شد،

با این، آنگاه، کی میخواهم پستی همگانی نویسم، پست نمیپزیرد،
دوم دکمه ی publish باز نمیشود،
بسیار سپاسگزار شوم، اگر چو همیشه راه نمایی ام.

THU 7/16/2015, 7:46 AM
اپدر پرویز گرامی، آنجا در سر برگ، سه گزینه دارید؛ یکی میتوانید بروز
رسانید، دیگری نگاره ای بپراکنید و سوم اینکه میتوان نوشتاری پراکند. بگمانم
گزینه یکم بکارتان آید.

SUN 2/21/2016, 12:26 AM

فراوان درود برگرامی بکتاش،
که فردا یاپسفردا بابا را در نزد خود پزیرا میشود!
چون بابا (گرامی برادرم) برایم فراخوان فرستاده،
باشد، من نیز پس از یکماه در نزد شما باشم
ودوری وجدایی ی بیش از سی ساله را در پشت سرگزارم؛...
برای endorsement های بسیار ارزشمند ات سپاسگزار میاستم،
آرزو نیز میاستد یگانه دختری از خانواده ی خمسه پور،
که چو توبر ایم endorsement مینویسد ومن هنوز نیافته ام زمان،
سپاسگزاری ام را باو رسانم، نیز میبایم بآگاهش رسانم:
او چو دانشجوی دانشگاه تهران در انگلیسی میاستد بسیار توانا.
باسپاس، ایرانپور.

SUN 2/21/2016, 6:39 AM

اپدر پرویز ارجمند
چشمبراه دیدارتانیم. بابا اگر پیش ما بماند بس نیک میشود هرچند همواره پس
از چند هفته خسته
میشود و میخواهد برگردد. شما که بیایید بسیار نکو میشود و سخنهای بسیار
خواهیم گفت. شما که استاد

53

هستید و همانگونه که گفتید اگر درست میدانستند باید سراپایتان را زر
میگرفتند. با اینهمه همان شاگردان و
دوستداران بسیارتان در کشور همه زرینند و فراتر. دوستدارتان بهرام

WEDNESDAY, FEBRUARY 24, 2016 3:52 PM
پ پ ی گ ی
ی ی ک ی ی . ی چ . ی ی پ ی گ ک ی
ی
ی ی

WED 2/24/2016, 9:53 PM

درود برگرامی بکتاش!
نامه ی نخست را خواندم وبسیارشاد شدم،
نامه ی دوم میاستد هنوزخوانشناپزیر؛...
مژده! مژده!
فراخوان برادرم امروز رسید،
پگاه برای ویزا بنمایندگی ی سوید روم،
چه زمانی برای آن گزرد. بآگاهش رسانم.
باسپاس، ایرانپور.

FRI 2/26/2016, 12:11 AM

درود برگرامی بکتاش!
نامه ات باز میاستد خوانشناپزیر؛...
امروز بافراخوان رفتم بنمایندگی ی سوید،
یک ـ نخست برایم تایم گزاشتند از امروزتادو ماه ونیم دیگر،
هفت ـ هشت روز دیگر هم ویزا میدهند،
دو ـ چهارسد و هفتاد هزار تومان برای سرویس نمایندگی
ویک ملیون تومان هم برای بیمه باید پردازیده شود

تامن پس از سه ماه برای پرواز آماده شوم؟...
اکنون با این هزینه ی گزاف چیسان توانم بدیدار شماگر امیان رسم؟
برادرم پیش از پرواز بنزد شما بمن پیش نهاد، برایم پول فرستد،
من گفتم، دل ام نمیخواهد شما برایم دچار هزینه های گزاف شوید،
چون برای رهایی ازشوروی هم هزینه ای گزاف ((2500 دلار پرداختید.
باسپاس، ایرنپور.

WEDNESDAY, MARCH 16, 2016 8:33 PM

درود برگرامی بکتاش!
آن، چه امروز در نمایندگی ی سوئد خواهسته شداز من،
برایت مینویسم بفارسی:
1-تاریخ شروع دعوتنامه 2016-4-20 بمدت دو ماه قید شود،
2-برگه ی تاییدیه ی مالی برای پزیرایی از برادر بمدت دوماه،
فرستاده شود بایمیل نمایندگی ی سوئد: شماره ی پرونده در ایمیل ذکر شود.

FRIDAY, MARCH 18, 2016 11:58 PM

اپدر پرویز گرامی
همه فرستاده شد. فردا که شنبه است باید روادیدتان را بدهند. به امید دیدار

THURSDAY, MARCH 24, 2016 9:04 AM

نوروز پیروز اپدر پرویز
بهترین آرزوها را برایتان داریم
به همه خویشان و دوستان نیز نوروز را از سوی ما شادباش گویید
شاد باشید
بهرام

MON 3/28/2016, 8:40 PM

درود برگرامی بکتاش!
نوروز ونوماه ونوسال برتو وگرامی همسر واشکان وپوژان
خجسته وفرخنده باد،
میهستد امید:
امسال آغازشی نودرکرداروزییستاروخواهستار ایران ودیگرکشور هاپدیدآید.
باسپاس، ایرانپور.

TUE 4/5/2016, 1:42 PM

درود برگرامی بکتاش!
پس از سی و هشت سال، کی نخستین بار در برلن چهارده روز همدیگررا
دیدیم،
اکنون فرارسیده زمانی، کی ای پس ازدو هفته همدیگر را بازبینیم
واز آزمایشها وآگاهشهای هم روز ها وماهها وسالها بهر همند شویم.
شماره ی پاسپورت t36383757
تاریخ ویزا 2016 .7.4 .20 - 2016 .3 .4 .20
باسپاس، ایرانپور.

THURSDAY, APRIL 07, 2016 9:22 AM
اپدر پرویز بس شادیم. همینکه پیامتان رسید به بابا و بابک نوشتم و بس خشنود
گشتیم. چشم براه شمایم.

FRI 4/8/2016, 8:54 AM

درود بر گرامی بکتاش!
هم اکنون بابا زنگ زد و از آن، چه هنوز پول بلیت نرسیده اندو هگین شد؛
پس، گفت: اکنون زنگ میزنم و از بکتاش میخواهم، برایت بلیت رزرو کند،
تا هرچه زودتر بسوی ما بپرواز درآیی.
باسپاس، ایرانپور.

SATURDAY, APRIL 09, 2016 11:33 AM
اپدر پرویز گرامی درود فراوان امروز فیروزه اینکار را پی میگیرد.

WED 4/20/2016, 8:39 PM

درود برگرامی بابا وبکتاش وفیروزه خانم،
کیان باکوشش پرمهرشان راه پرواز ام را گشودند بسویشان،
تا پس از چهار-پنج روز دیدارها تازه شود
ودرد دوری وجدایی ی سالهای دراز از میان رود؛...
از چهار-پنج ماه پیش برزبانها افتاده بود:
هرگونه موزیک(نه تنها آرمانمویک) میباید از دانشگاهها بیرون شود،
تنها آواهای دینی ماند ورفته-رفته بچهار چوب آکادمیک در آید؛
از یک هفته پیش این گزارش از تلویزیون بگوشان رسید
ودر آگاهشنامه ها چاپ شد.
باسپاس، ایرانپور.

SUN 5/29/2016, 8:22 PM

درود اپدر پرویز جان
امیدواریم خوب و خوش باشید. ما همه خوبیم. اگر توانستید بیاگاهانیدمان که
کجایید و چه میکنید. با بهترین آرزوها برای شما. بهرام

SAT 7/29/2017, 9:13 AM

درود بر بکتاش!
امروز کامپیوتر ایرانی و سوئدی ام درست شد،
و با نخستین نامه به آگاهش میرسانم.
من در سوئد یک سال ماندم پیانو نوازی ام در چند کلیسا پزیرفته شد،
با این، چون بزندان نافتاده وشکنجه نشده بودم پناهندگی پزیرفته نشد

برای این اکنون بیش از یک ماه شد، کی برگشتم به ایران،
من در رشد بودم، کی بابا زنگ زد بهش گفتم تا کامپیوتر هام
درست شود نامه خواهم نوشت.
اکنون میخواهم گویم سوئد برایم بسیار خوب و سودمند بود،
مگر اینکه ارتباطات هم از میان رفته بود.
با سپاس، ایرانپور

SUN 7/30/2017, 8:56 AM

درود اپدر پرویز
از نامه تان شاد گشتم چون یکسالی بود که از شما نامه یا زنگی نداشتیم و هر
چه بود از دیگران شنیده میشد. نگران نبودیم چون شما همواره مرد سختیها بوده
اید با اینهمه پدر بیادتان بود و پیگیر اینکه کجایید و چه میکنید. اکنون که در ایرانید
شاید برایتان سخت باشد چون انگار دوست داشتید بیرون باشید. شاید اگر ایرانیان
میتوانستند دسته دسته از کشور دربند خود به کشور دیگری میرفتند کما اینکه در
دهه های گذشته چنین کرده و همچنان نیز به چنین راهی میروند. برای درمان این
درد ایران باید آزاد گردد و راه دیگری در پیش نیست. پاینده ایران. ایرانمند

TUE 8/1/2017, 8:11 AM

درود بربکتاش!
نه تنها آگاهشرسانی ام باتو درسو اد بریده شده بود، شاگردان ام نیز همواره
ازمن ناآگاه بودند، چون کامپیوترام آنسان، چسان میدانی تو، اینترنت
نمیپیزیرفت؛... بااین، یکسال آشنا ای با آن کشورومردم مهربان وفرهنگمند اش
برایم سودمند بود، شیوه ا پیانونوازی ام پسندیده شد ومن امیدمند شدم درمیهن ام
نیز اینسان شود، درداودریغا! پس ازسی ودوسال کوشش وآفرینش دردانشگاه وپیدا
ای آ آرمانموزیک هنوز نمانی ازروشنی دیده نشده.
باسپاس، ایراپور.

FRI 8/4/2017, 9:00 AM

درود اپدر پرویز گرامی

شاید بهترین کاری که میتوانید انجام دهید همانا آموزش جوانان ایرانی است. در نومیدی بسی امیدست. اگر دوست دارید بیرون در کشور دیگری زندگی کنید شمار کمی بینیاز به روادیدند.

با اینهمه نیک میدانید که زندگی دور از میهن چه دشوارست هرچند آزادی است که ارجدارست. ایرانمند

MON 12/24/2018, 5:10 PM

درود اپدر پرویز

امیدوارم خوب باشید و مانند همیشه پرکار. دارم روی نامه هایمان در این سالیان کار میکنم تا بزودی کاری نو بنام "اپدر پرویز و من" را بیرون بیاورم. دو نگاره خودمان را هم بکار میبرم، یکی در آلمان که شما فرستاده بودید برای رویه و یکی هم که در دیدارتان از سوئد برداشتیم. امیدست این نامه بدستتان برسد. بهرام